Género **Ficción**

I0800086

Pregunta esencial
¿Qué nos inspira?

La música y yo

Sabrina Herreros
ilustrado por Mariano Epelbaum

CAPÍTULO 1

La tienda de instrumentos

Itzel y su mamá paseaban por el centro de la ciudad.

A Itzel siempre le gustaba detenerse frente a la tienda de música. En la vidriera había muchos instrumentos.

—¿Entramos a la tienda, mamá? —dijo Itzel—. Quiero ver los instrumentos.

—Sí, por supuesto. Es tu tienda favorita y al señor Vargas le encantará verte otra vez. Hizo reposo varios días porque estuvo enfermo.

Dentro de la tienda había un niño con su mamá.

A Itzel le llamó la atención lo que veía. El señor Vargas, el dueño de la tienda, le mostraba al niño varios instrumentos de la misma clase. Se veían muy bonitos. Algunos tenían formas divertidas.

Itzel nunca había visto esos instrumentos.

—Buenas tardes, Itzel —saludó el señor Vargas—. ¿Cómo está señora Trujillo? Pasen y miren los instrumentos que deseen.

La mamá de Itzel saluda y le agradece.

—¿Por qué ese niño elegirá ese instrumento? —preguntó Itzel a su mamá.

—Seguro que estudia música y está aprendiendo a tocarlo —respondió la mamá.

—Nunca vi nada igual a ese instrumento, mamá.

Itzel estaba intrigada. El instrumento parecía una guitarra de forma extraña.

Itzel y su mamá fueron al sector de trombones y clarinetes. Este era el lugar preferido de Itzel. Pero la niña no prestaba atención. Seguía pensando en ese extraño instrumento.

—¿En qué piensas Itzel? —preguntó la mamá.

—Pues... Ese instrumento no era una guitarra. No era un violín. Tampoco una viola ni un violonchelo. La lira es muy antigua. Ese instrumento parece ser más nuevo —dijo Itzel a su mamá.

—¡Estás intrigada! Mañana podrás preguntarle a la maestra de música —respondió la mamá.

AHORA COMPRUEBA

¿Por qué Itzel y su mamá van a la tienda de música?

CAPÍTULO 2

Un instrumento de cuerdas

Las clases de música en la escuela de Itzel eran muy interesantes. La maestra tocaba el piano e Itzel cantaba muy bien.

Sus compañeros tocaban distintos instrumentos. Pero ella aún no se había decidido por ninguno. Por el momento prefería cantar.

Itzel sabía que había distintos tipos de instrumentos. El que compraba el niño de la tienda tenía cuerdas y era pequeño.

Al finalizar la clase, Itzel le contó a la maestra lo que había visto en la tienda.

La maestra le explicó que existen muchas clases de instrumentos musicales. Grandes y pequeños. De sonidos graves y agudos. Electrónicos y acústicos.

—Seguramente podrás aprender a tocar tu instrumento aquí o en la escuela de música —dijo la maestra sonriendo.

—Sí, pero primero debo averiguar cuál es el instrumento que vi ayer —respondió Itzel.

—¿Por qué no vuelves a la tienda y le preguntas al señor Vargas? —dijo la maestra.

—¡Buena idea! —contestó Itzel con entusiasmo.

Al día siguiente, la mamá acompañó a Itzel nuevamente a la tienda.

—Mira, Itzel, allí está el niño que vimos el otro día —dijo la mamá—. Ahora podrás preguntarle acerca del instrumento.

—Pues sí… pero no sé si debo… —respondió Itzel.

—Vamos, hija. Entra. Yo te acompañaré —dijo la mamá.

Itzel y su mamá entraron en la tienda.

El señor Vargas las saludó muy amablemente. Itzel se acercó tímidamente para mirar el instrumento. Entonces, el niño lo tomó y se lo mostró a Itzel.

—¿A ti también te gusta este instrumento? —preguntó la mamá del niño a Itzel.

—Pues, no lo conozco... Tiene una forma extraña —respondió Itzel.

—Dylan, enséñale a la niña cómo suena —dijo la mamá al niño.

Los oídos de Itzel se endulzaron con la música.

—¡La música es un pájaro alegre! —dijo Itzel.

Le gustaba mucho lo que escuchaba. El sonido del instrumento hizo volar su imaginación. Se sintió feliz, alegre y con muchas ganas de ponerse a bailar al ritmo de la música.

—¿Y cómo se llama este instrumento? —preguntó Itzel.

—Es el ukelele —contestó el niño—. Es mi instrumento favorito. Y es bastante fácil de aprender.

AHORA COMPRUEBA

¿Qué sucedió cuando Itzel y su mamá llegaron a la tienda?

CAPÍTULO 3

Aprender a tocar el ukelele

"U-ke-le-le, u-ke-le-le", pensó Itzel. Y luego dijo:

—Parece una guitarra pequeña.

—Sí, pero solo tiene cuatro cuerdas. La guitarra tiene seis. Además, no lo tocas con los dedos sino con una púa —dijo el niño.

—¿Dónde aprendes a tocarlo? —preguntó Itzel.

—En la escuela de música que está cerca del parque —respondió el niño.

—¡Qué bueno! Está cerca de mi casa. Será sencillo llegar —dijo Itzel muy contenta.

Detective del lenguaje	¿Qué signo se usa para separar palabras en sílabas? ¿En qué palabra de esta página aparece?

Dylan siguió tocando el ukelele. Se veía muy sereno cuando tocaba el instrumento.

La música llenaba la tienda de sonidos. Las mamás y el señor Vargas acompañaban el ritmo con sus palmas.

El señor Vargas les contó que el sábado habría un concierto de ukelele en la escuela de música. Entonces, les dio a los niños entradas para que asistieran con sus padres.

Finalmente, todos se despidieron felices.

Itzel estaba muy entusiasmada. Se sentía inspirada.

—Papá, me encantó el sonido de ese instrumento —dijo Itzel—. ¿Puedo tomar clases en la escuela de música?

—Por supuesto, Itzel. Si es lo que deseas. Veo que al fin la música te ha inspirado a decidirte por un instrumento —dijo el papá.

—Mañana iremos a la escuela de música —dijo la mamá.

—¡Sí! —dijo Itzel feliz.

Detective del lenguaje	¿En qué tiempo está conjugado el verbo subrayado en esta página?

Al día siguiente, al llegar a la escuela de música, Itzel vio a varios de sus compañeros de clase que también estudiaban música allí. Todos la saludaban contentos de verla. Itzel estaba muy emocionada.

La mamá la acompañó hasta la puerta de la clase. La despidió con un beso y le deseó suerte en su primer día de clase.

Itzel estaba muy feliz con las clases de ukelele en la escuela de música. Ella iba a la misma clase que Dylan, el niño que había conocido en la tienda.

Al final del año, los niños terminaron haciéndose buenos amigos. Además, eran muy buenos estudiantes.

Itzel y Dylan fueron seleccionados para dar un concierto de ukelele en la fiesta de fin de año de la escuela de música.

Itzel estaba feliz. La música del ukelele era su inspiración.

AHORA COMPRUEBA

¿Con quién se encuentra Itzel en la escuela de música?

Respuesta a la lectura

Resumir

Usa detalles del cuento para resumir *La música y yo.* El organizador gráfico te servirá de ayuda.

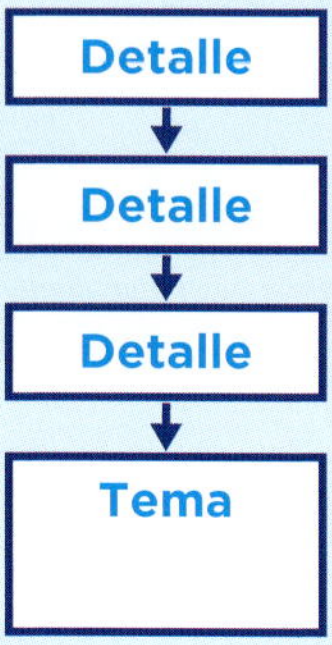

Evidencia en el texto

1. ¿Cómo sabes que *La música y yo* es un cuento de ficción? **Género**

2. ¿Qué sonido inspiró a Itzel? Halla pistas en la página 10. **Tema**

3. ¿Qué significa *¡La música es un pájaro alegre!* en la página 10? Usa claves del texto para descubrirlo. **Metáforas**

4. Escribe acerca de los detalles que usó la autora para describir cómo se siente Itzel. **Escribir sobre la lectura**

Género Poesía

Compara los textos

Lee sobre cómo inspiran las palabras.

Palabras

Nicolás Arroyos

Palabras, rumor de palabras,
orquesta de dulces violines.
Las mariposas bailando
alegran los verdes jardines.

Palabras, manjar de palabras,
agua fresca de las emociones.
Nubes, piscinas, ríos, mares,
olas de alegría en los corazones.

Misteriosas palabras,
palabras luminosas,
palabras de tul y canto,
palabras de oro y rosas.

Haz conexiones

¿Qué siente la niña del poema acerca de las palabras? **Pregunta esencial**

¿En qué se parecen Itzel en *La música y yo* y la niña del poema? **El texto y otros textos**

Enfoque:
Elementos literarios

Repetición La repetición en la poesía es el uso de la misma palabra o frase varias veces. Las palabras de un poema riman cuando tienen el mismo sonido final.

Lee y descubre El poema *Palabras* tiene repetición y rima. La repetición da fuerza al texto. Lee el poema para descubrir la rima y la repetición.

Tu turno

Escribe un poema acerca de algo que te inspire. Trata de usar palabras que rimen. Puedes repetir algunas palabras para dar énfasis al poema.